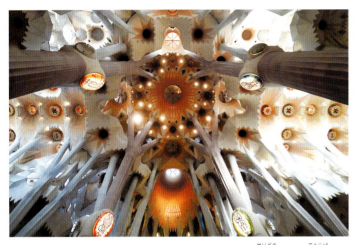
▲東部の都市バルセロナにあるサグラダ・ファミリア聖堂内部の天井。スペインの建築家アントニ・ガウディの未完の作品で、現在（2025年）も建設中。

▲北部にあるアルタミラ洞窟で発見された壁画。旧石器時代末期のもので、写真の野牛のほか、イノシシ、馬、トナカイなどの動物がえがかれている。

▲中部にある古都トレド。1561年に首都がマドリードに移るまで、政治・経済の中心地として栄えたまちで、トレド大聖堂などの歴史的建造物が多く残る。

▲首都マドリードのシベーレス宮殿。プラド通りを中心とするこの地域は、歴史的建造物や美術館、博物館などがたちならび、先進的な都市開発の象徴になった。

スペインと周辺の国ぐに

スペインのおもな世界遺産

2024年現在、国境をこえる遺産をふくめ50件が登録されている。

- アントニ・ガウディの作品群／バルセロナのカタルーニャ音楽堂とサン・パウ病院
- セビーリャの大聖堂、アルカサルとインディアンス古文書館
- アルタミラ洞窟と北スペインの旧石器時代の洞窟画
- サンティアゴ・デ・コンポステーラ（旧市街）
- 古都トレド
- コルドバ歴史地区
- タラゴナの遺跡群　　　　　　　　　ほか

現地取材！世界のくらし ㉕
スペイン

文・写真：関根 淳　監修：細田晴子

毎年4月～5月に南部の都市セビーリャで開催される春祭り。伝統衣装で着かざった人びとが、馬や馬車に乗ってまちをねり歩いたり、テント小屋「カセータ」で歌や踊りを楽しんだりする。

現地取材！ 世界のくらし㉕
スペイン

もくじ

ブエノス ディアス
おはようございます／こんにちは（昼食前まで）

ブエナス タルデス
こんにちは（昼食後）

ブエナス ノチェス
こんばんは／おやすみなさい

オラ（友達どうしでいつの時間でも使える）
こんにちは

自然と気候
ヨーロッパ南西に位置する国 ……… 4

国のあらまし
多様な民族と文化がおりなす国 ……… 6

住居と習慣
首都マドリードでくらす家族 ……… 8
教育環境がととのった住宅地 ……… 10
地中海沿岸のまちに住む家族 ……… 12

食と習慣
スペインの家庭料理 ……… 14
市場とさまざまな料理 ……… 16

まちとくらし
スペインの首都マドリード ……… 18
交通機関とまちの安全 ……… 20

まちなかで音楽にあわせて踊る母子。

首都マドリードでパトロール中の騎馬警官。

昼休み時間に元気に遊ぶ児童たち。

伝統衣装を着て馬車で春祭りに参加する女性たち。

学校生活
- スペインの公立小学校 ……… 22
- 授業と休み時間 ……… 24
- 村の小さな公立小学校 ……… 26

子どもの遊び
- 外遊びやゲームが大好き ……… 28

スポーツ・娯楽
- 家族や友達とすごす休日 ……… 30

行事と冠婚葬祭
- キリスト教と巡礼の道 ……… 32
- 結婚式と春祭り ……… 34

くらしの多様性
- 魅力あふれるまちバルセロナ ……… 36
- 食をささえる漁業と農業 ……… 38
- 伝統のものづくり ……… 40

SDGsとくらし
- 持続可能な未来をめざして ……… 42

日本との関係
- 500年近く続く友好の歴史 ……… 44

〔巻末資料〕……… 46

さくいん ……… 48

◀こちらのサイトにアクセスすると、本書に掲載していない写真や、関連動画を見ることができます。

休み時間にケンケンパをする児童。

課外活動でバスケットボールを習う子どもたち。

結婚間近の女性（右はし）を囲む独身最後の集い。

中部のまちナバルカルネロで出会った子どもたち。

自然と気候

ヨーロッパ南西に位置する国

▲牛追い祭り（サン・フェルミン祭）。北部の都市パンプローナで毎年7月におこなわれる。パンプローナの守護聖人である聖フェルミンを称える宗教儀式と、この地で長年開催されていた家畜の見本市が起源とされる。

▲スペイン中部に広がるブドウ畑。スペインは、ブドウの栽培がさかんで、フランス、イタリアに次ぐ世界第3位のワイン生産国。

▲南部アルメリア中心に広がるタベルナス砂漠は、ヨーロッパ唯一の砂漠。

国土面積は日本の約1.3倍

　スペインは、ヨーロッパの南西にあるイベリア半島の大部分を占める国です。西側はポルトガル、東側はピレネー山脈ぞいのフランス、アンドラ公国と国境を接し、南側にはジブラルタル海峡をはさんでアフリカ大陸があります。

　スペインの面積は約50.6万km²で、日本の1.3倍ほどの大きさです。地域によって気候に大きな差があり、北部は雨が多い西岸海洋性気候、内陸部は乾燥がはげしいメセタ（高原）がある大陸性気候、地中海沿岸は暑くて雨が少ない地中海性気候に分けられます。

　数百万年前、スペインがある現在のイベリア半島は、アフリカ大陸とつながっていました。長い年月をかけて陸地が分かれましたが、今も多種多様なアフリカの動植物が生存しています。とくにカナリア諸島とバレアレス諸島は、島ごとに独自の生態系をもち、貴重な種の保存地となっています。

自然と気候

▲スペインでは、夏にヒマワリが一面にさきほこる。種子をしぼってヒマワリ油をつくる。

▲南部のまちフリヒリアナにある「白い村」。地中海性気候の強い日差しを白壁でやわらげている。

▲イベリコブタ。スペイン西部地方で飼育されている、イベリア種というスペイン原産のクロブタ。

▲穀物を貯蔵する、ガリシア地方の石づくりの高床式倉庫。

ここに注目！ ゆれる闘牛の存続

闘牛は、スペインの国技ともいえる代表的な娯楽です。しかし現在、国民の考えは2つに分かれています。伝統文化のひとつとして次の世代に伝えるべきという考えと、動物愛護の観点から廃止すべきだという考えです。実際、北東部のカタルーニャ州では、2010年に闘牛禁止法が成立。今後、スペイン国民がどんな判断をくだすのか注目です。

▶首都マドリードにあるラス・ベンタス闘牛場（右）と、有名な闘牛士の記念像（左上）。

国のあらまし

多様な民族と文化がおりなす国

◀スペイン南東のまちエルチェで発掘された石像の「エルチェの貴婦人」。紀元前5世紀〜紀元前4世紀のイベリア人の時代につくられた。

▶レケスウィント王の冠。5世紀〜8世紀、ゲルマン系の西ゴート族がイベリア半島を支配していた時代につくられた。

▲南部コルドバにある建築物「メスキータ」（世界遺産）。アラブ人が建設したイスラム教のモスクだが、のちにキリスト教の聖堂に改築された。

▲南部マラガの旧市街。フェニキア人が築いたマラガは、石づくりの家、タイルもようの小道など、その後のローマやイスラム支配の影響が強く残るまちだ。

世界を支配した情熱の国

　スペインがあるイベリア半島には、古代からさまざまな民族がくらしていました。紀元前からカルタゴ[*1]やローマの支配を受けたのち、8世紀にはイスラム教徒のアラブ人によって国土の大半を占領されました。15世紀末、キリスト教の勢力が国土を奪還したのち、ハプスブルク家[*2]率いるスペイン王国は海外に進出します。アフリカや南北アメリカ、フィリピンなどを植民地にし「太陽の沈まぬ国」といわれるほどの領土と莫大な富を手に入れました。しかし16世紀末以降、世界の覇権を争うイギリスとの海戦に敗北し、国内も王位継承問題で混乱しました。19世紀にはほとんどの植民地を失い、20世紀には内戦とフランコ将軍による軍事独裁政権を経験しました。

　このような激動の歴史をもつスペインです

[*1] アフリカ大陸北岸を中心に、フェニキア人によって建設された国。
[*2] 中世以来、神聖ローマ皇帝位を継承した有力な家系。

国のあらまし

▲ 1492年、コロンブスのアメリカ大陸（サンサルバドル島、現バハマ）上陸をえがいた絵画。コロンブスはイタリアのジェノバ出身の探検家だが、スペインのカトリック両王の援助を受けて航海を続けた人物。

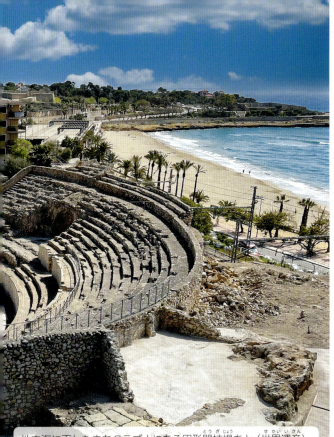
地中海に面したまちタラゴナにある円形闘技場あと（世界遺産）。2世紀、ローマ人によって建造された1万4000人収容の闘技場。

▲ 画家パブロ・ピカソがえがいた「ゲルニカ」。スペイン内戦時、フランコ軍を支援するナチス・ドイツが、北部バスク地方のまちゲルニカを無差別爆撃した。この絵には、多くの市民が殺されたことに対するピカソの怒りや悲しみ、恐怖がこめられている。

が、さまざまな民族と交流したことで、豊かな文化も生まれました。たとえばイスラム教徒は建築技術や米食をスペインに伝え、少数民族ロマの踊りはフラメンコに大きな影響をあたえました。現在のスペインは、観光業や自動車製造、農業を主要な産業とし、スポーツや文化・芸術でも世界に強い影響力をもつ国です。

▼ バスク地方の民族衣装。女性は、ブラウスとスカート、エプロン、スカーフなどが特徴。男性は、白いシャツに濃い色のズボン、ベスト、ベレー帽などを着用することが多い。

 **公用語と地域言語**

　スペインには17の自治州とアフリカに2つの自治都市があり、公用語のスペイン語（カスティーリャ語）のほかに、さまざまな地域言語が使われています。スペイン北東部のカタルーニャ語、北西部のガリシア語、北部のバスク語などがその代表的なもので、駅や道路の標識にはスペイン語と地域言語の両方が記載されています。カタルーニャ州のタラゴナにくらすリサさん（→p12）が通う小学校では、基本的な授業はカタルーニャ語でおこなわれ、国語（スペイン語）の授業は週に3時間だそうです。

住居と習慣①

首都マドリードでくらす家族

▲築5年のアパートの入り口。48世帯が住んでいる。

暑いスペインならではの住宅

スペインの住宅は多くが石づくりで、壁を厚くすることで日中の暑さに耐えるつくりになっています。また、地中海ぞいのまちでは、外壁に漆喰を使い、強い日差しをはねかえすために白い塗料をぬっている家（→p5）もあります。

都心部はアパート（集合住宅）が多く、郊外や地方ほど一軒家が多くなります。10歳のクラウディアさんは、マドリード郊外にある近代的なつくりのアパートに住んでいます。インテリア会社勤めの父、小学校の先生をしている母、8歳の弟との4人家族です。家は、大きな居間と各自の部屋があり、どの部屋も風通しのよい機能的な設計になっています。

◀ブランコに乗るクラウディアさん。住民専用の庭には遊具もあるので公園に行かなくても遊べる。

▼洗面台とトイレ、バスタブが1部屋にまとまっているつくり。

[間取り図]

住居と習慣①

しばふの上でくつろぐクラウディアさん家族。アパートには住民専用の庭がある。

▲日差しがよく入る広い居間。食事は大きなテーブルを使って全員でとる。

▲IHこんろが備えつけられているシステムキッチン。朝食は、台所のテーブルでとることが多い。

▲▶弟の部屋。大好きな恐竜やロボットのおもちゃでいっぱい。

▲クラウディアさんお気に入りのライオンのぬいぐるみ。両親から、7歳の誕生日プレゼントにもらってからずっと大事にしている。

9

住居と習慣②

教育環境がととのった住宅地

▲平日は家族の時間があまりとれないが、休日はたくさん会話をしてたくさん遊ぶ。

■ 自立した大人になるために

　クラウディアさん家族は、マドリード郊外の新興住宅地に5年前に引っこしてきました。理由は、この地区は比較的治安がよく、評判のよい学校が多いため、子育てによい環境だとクラウディアさんの両親が考えたからです。

　両親は、「今のスペインは経済状況がきびしく、親もとからずっと自立できない子どもも多い。子どもには、早いうちに外国語を習得し、世界で活躍できる人間になってほしい」と言います。そうした両親の考えのもと、クラウディアさんは、国語と算数以外はすべて英語で授業をしている小学校に通い、放課後は柔道とバスケットボール、水泳、英語を習っています。遊べる時間は少ないですが、習いごとに行けば友達と会えるので、毎日楽しくすごしています。

▲宿題が毎日あり、小テストも毎週あるので、毎日家で1～2時間は勉強する。

住居と習慣②

▲ベッドの上にテントをはって寝る。こうすると秘密基地にいるような気分になって楽しいという。

▲柔道着すがたのクラウディアさん（左）と、幼いころのきょうだいの写真（右）。

▲勉強机横の本棚には、好きな本やお気に入りの小物がいっぱいかざってある。

▲クラウディアさんの部屋にある、おもちゃのカラオケでうたう陽気な父。

クラウディアさんの1日

クラウディアさんは朝8時に起きます。家を出るのは8時30分で、母の車で送ってもらいます。授業は午後4時に終わりますが、母がむかえにくる5時まで学校で宿題などをします。学校から直接、習いごとへ行き、帰宅するのは6時40分ごろです。宿題をして夕食をとり、寝るのは夜10時です。

今、いちばん力を入れているのはバスケットボールで、将来はプロ選手になりたいと思っています。

バスケットボール選手になりたいな！

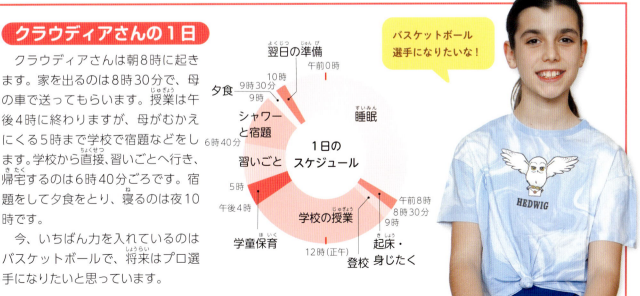

地中海沿岸のまちに住む家族

住居と習慣③

▲3階のベランダからの景色。地中海まで徒歩10分ほどの場所にある。

▲4階建ての横に長いアパート。リサさんの家は、右はしの2階と3階。

自分で進んで勉強する

地中海沿岸のまちタラゴナに住むリサ・スタリック・ロシックさんは、12歳（小学6年生）の女の子です。父と母、15歳の姉とアパート（集合住宅）でくらしています。両親は、子どもたちに「思いやりのある人間であること。そして安定した仕事につき、自立できる大人になってほしい」と言います。

リサさんは、宿題や試験について親からいろいろと言われることがあまり好きではないので、自分で進んで勉強するようにしています。平日は、陸上とローラースケートのクラブに通っているので、あまり遊ぶ時間がとれませんが、週末は友達とYouTubeやTikTokを見るなどして楽しんでいます。

ソファーが置かれたベランダで、家族がいっしょにくつろぐ幸せな時間。

住居と習慣③

▲ネコと遊ぶのが好き。将来は、犬も飼いたいと思っている。

▲リサさんの部屋。長机の中心にあるのは、大切にしているコンピューターとペンタブレット。

▲両親ともに翻訳家で、家で仕事をすることが多い。

◀▲ひまがあればいつも絵をかいている（左）。気に入った絵は壁にかざる（上）。

人の役に立つプログラマーになりたいな！

インタビュー　プログラマーになりたい！

　学校で好きな教科は、体育と美術です。体を動かすことが楽しいし、絵をかくことが大好きだからです。父は、おもにプログラムやゲームアプリなどの解説書を翻訳しているので、ときどきコンピューターのことを教わったり、自分でゲームをつくったりしています。将来はプログラマーになって、みんなが楽しめる、便利な世の中にしたいです。

スペインの家庭料理

▲この日の献立は、生ハム、サラミとソーセージの盛りあわせ、野菜（ナスとパプリカ）のオーブン焼き、アーティチョークとジャガイモ入りトルティーリャ、パンにトマトをこすりつけたパン・コン・トマテ。リサさんは追加で目玉焼き。

代表的な食材や調味料

❶パプリカパウダー（辛口）　❷黒コショウ　❸ニンニク　❹塩　❺オリーブオイル

▼骨つきの生ハムのかたまりから、食べるぶんだけナイフでカットする。

ジャガイモの皮をむくのは私の役目！

食と習慣①

▲焼いたパンにトマトをこすりつけてパン・コン・トマテをつくる。味つけはニンニクと塩、オリーブオイル。

素材の味を生かした家庭料理

　スペインでは、地方ごとにその土地の食材を使った郷土料理が豊富です。どの地域でも共通しているのは、素材の味や風味を最大限に生かすためにシンプルな調理法で料理すること、そしてニンニクとオリーブオイルをよく使うことです。また、午前と夕方の間食をふくめて1日に5回の食事（下の表）をとることが特徴です。

　タラゴナに住むリサさん（→p12）の家では、休日によく家族でいっしょに昼食をつくります。この日の献立の主菜は、母親の自慢のスペイン風オムレツ「トルティーリャ」と、父親がていねいに皮むきした野菜のオーブン焼きです。リサさんは、鼻歌をうたいながらジャガイモの皮をむき、パンの用意をしました。

1日5回の食事

朝食（午前7時）	パンやシリアル、ジュースなど簡単な食事。
間食（午前10～11時）	生ハムやトルティーリャをはさんだサンドイッチなど。
昼食（午後2時）	前菜・主菜・デザートの3皿が定番。いちばんしっかり食べる。
間食（午後6時）	タパスや菓子パン、おやつなどで小腹を満たす。
夕食（午後9時）	パンや果物入りのヨーグルトなど、軽めの食事。

トルティーリャのつくりかた

❶うすく切ったジャガイモと、軽くゆでたアーティチョークをいためる。軽く塩・コショウする。

❷ボウルでといた卵の中に❶を入れて軽くまぜる。

❸すべての具材をフライパンに流しいれ、焼き目がつくまで熱する。

❹大きな皿を使って表裏を返し、裏面を焼けばできあがり。

市場とさまざまな料理

食と習慣②

季節を感じる市場での買い物

スペインの人は、大きなスーパーマーケットにも行きますが、「メルカード」とよばれる市場での買い物を好みます。市場には、新鮮な野菜や果物をはじめ、精肉や加工肉、海産物などがそろいます。そして店の人と、旬の食材や調理法などを会話しながら買い物を楽しむのです。

また、地域ごとに気候や風土に特徴があるスペインには、その土地ならではの伝統料理があります。たとえば、稲作がさかんなバレンシア地方で生まれたパエーリャ、豊かな海産物が水揚げされるガリシア地方のタコ料理、暑く乾燥したアンダルシア地方の冷たいスープ「ガスパチョ」などです。コーヒーや酒、軽食がとれる飲食店「バル」では、小皿料理（タパス）や、楊枝にさしたひと口サイズの総菜「ピンチョス」も人気です。

▲地元の人や観光客でにぎわう、マドリードのサン・ミゲル市場。

▲生ハムの専門店。スペインの家庭では、骨つきのあしを1本まるごと買うことがめずらしくない（→p14）。

▲スペインは農業がさかんな国。いろどりのあざやかな野菜や果物がならぶ。

▲スペイン北部のサン・セバスティアン（ドノスティア）は、美食のまちとして有名（上）。小さなまちに100軒以上のバルがひしめいており、人びとは酒やピンチョスなどを楽しむ（左上）。

スペインの代表的な料理

▲パエーリャ。平たい大鍋で、野菜や魚介、肉などをいため、サフランを入れて炊いたご飯。

▲エビのアヒージョ。アヒージョとは、オリーブオイルとニンニクで食材を煮こんだ料理。

▲クロケータ。生ハムやタラのすり身などが入ったホワイトソースのクリームコロッケ。

▲ピンチョス。具材を楊枝にさしたり、パンにのせたりした、ひと口サイズの総菜。

▲タコのガリシア風。ゆでたタコにパプリカパウダー、塩、オリーブオイルで味つけした料理。

▲ガスパチョ。トマトをベースにした冷たいスープ。果物や緑黄色野菜を使ったものもある。

伝統の地中海食

地中海食とは、地中海沿岸に住む人びとの伝統的な食事様式のことです。日常的に果物や野菜、海鮮、豆類をオリーブオイルとともに豊富にとることで、さまざまな病気や生活習慣病、認知症になりにくくなるといわれています。地中海沿岸には長寿の人が多いとされますが、食習慣にひみつがあるのかもしれません。

◀肉よりも魚を多く食べ、オリーブオイルやハーブを使うことで、塩分をおさえた味つけが特徴の地中海食。

▲トゥロン。焙煎したアーモンドとはちみつ、卵、砂糖が原料の菓子。

▲バスク地方の伝統菓子バスク・ケーキ。厚めのクッキーの生地にカスタードクリームやジャムなどをはさんだ素朴な味わいの焼き菓子。

▲あまくないチューロスとホットチョコレート。スペインでは朝食で食べることも多い。

まちとくらし①

スペインの首都マドリード

政治・経済・文化の中心地

　マドリード市は、約330万の人びとがくらすスペインの首都です。議会の議事堂やスペイン銀行、世界有数の美術館などがあり、政治・経済・文化の中心地として機能しています。旧市街には、石やれんがを積みあげた歴史あるつくりの家屋や商店街がたちならび、新市街には近代的な高層ビル群があります。

　マドリードには、多様な民族がくらしています。同じスペイン語を話すラテンアメリカ諸国や、地理的に近い北アフリカからの移民が多く、アジアや欧州連合（EU）からの移住者もいます。マドリードは、そうした人びとの文化や習慣を受けいれ、国際色豊かな都市へと成長してきたのです。

▲◀買い物客でにぎわうラストロ（蚤の市）（上）。洋服や工芸品、骨董品などの露店（左）が、ところせましとならぶ。

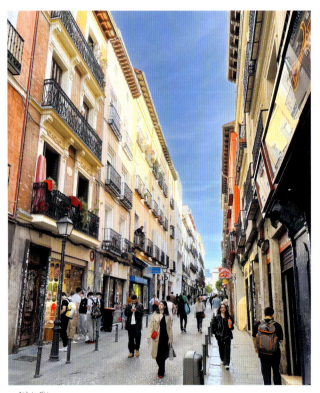

▲旧市街には車1台がやっと通れるような細い道が多い。道をはさんだ両側にひしめきあうようにアパートが建っている。

まちとくらし①

マドリード中心部の大通りであるグラン・ビアの周辺には、ホテルや人気の商店がたちならび、観光客でいつもにぎわっている。

▲旧市街の中心マヨール広場。フェリペ3世の騎馬像がある。

▲教会前の広場で開催されたフラワーマーケット。

▼公園で、ケルト文化の影響を受けるガリシア地方のバグパイプ「ガイタ」を披露する男性。

ここに注目！

老舗をあらわす金のプレート

　国王フェリペ2世が、マドリードに宮廷を遷都したのが1561年。それから約460年間、スペインの首都でありつづけたマドリードには、代だい続く古い店がたくさんあります。100年以上経営している店には、「老舗」の称号として市役所からおくられた金のプレートが店舗前の道路にうめこまれています。

▲スミレのキャンディー（左）を販売する老舗菓子店（上）。金のプレート（右下）に、1915年創業と記されている。

交通機関とまちの安全

まちとくらし②

観光客の多いプエルタ・デル・ソル広場を警備している警察官たち。騎馬警官は、高い視点から全体を見まわすことができ、まちなかのパトロールにうってつけだ。

充実した交通機関

スペインは、交通機関が充実しています。マドリードやバルセロナなどの主要都市には、地下鉄とバスの路線がはりめぐらされていて、市民の大切な移動手段として利用されています。また、トラム（路面電車）が走っているまちもあります。長距離の移動手段としては、マドリードを拠点に、高速列車や長距離バスの路線が放射状に広がるように都市間をつないでいます。こうした交通機関にかかわる運転士や駅員のほか、まちでは警察官や消防士、救急隊員をよく見かけます。人びとが安全で快適なくらしをするために、日夜活動しているのです。

▶スペイン全土に路線網をもつスペイン鉄道の「AVE」とよばれる高速列車。

▶AVEの車内のようす。1等席は、1列＋2列の配置でゆったりとしている。

まちとくらし②

▲地下鉄サント・ドミンゴ駅の入り口。マドリードの地下鉄は、12の路線と1つの支線が走っている。

▲▶地下鉄2号線の車両（上）と、車内のようす（右）。

▲マドリードの路線バス。バスの路線網は、市内全域にわたる。

▲南部の都市セビーリャのトラム（路面電車）。排気ガスや騒音などへの対応策として導入された。

▲オレンジと赤色の配色が特徴的なマドリードの救急車。

▲赤色と黄色の配色の消防車。警察、消防、救急の緊急通報は、すべて「112」番。

21

学校生活①

スペインの公立小学校

義務教育は10年間

　スペインの義務教育は6歳〜16歳までの10年間で、小学校に6年、中学校に4年通います。中学校卒業後は、高等学校（2年）または職業訓練校（4年）に進みますが、それぞれの学校を修了すれば、大学進学の資格を得ることができます。スペインの教育制度の特徴は、成績が一定のレベルに達しないと、小学生でも留年する可能性があることです。

　スペイン南部の都市マラガ郊外にあるアルガサラ小学校は、2006年創立の公立校です。幼稚園児をふくむ3歳〜12歳までの児童530人が学んでいます。スペインの学校は国が定めた必修科目のほか、州や学校ごとに独自の教育方針があり、この学校の場合は英語やフランス語、中国語の学習に力を入れています。

▼授業の合間の女子児童。アルガサラ小学校には制服がなく、体育がある曜日は動きやすい服で登校する。

▲校門を入って中庭から見た校舎。壁にさまざまな絵がえがかれていて明るい雰囲気だ。

▲校舎玄関横の階段。リュックサックや車輪つきのキャリーバッグで登校する児童が多い。

学校生活①

5年C組の児童たち。アルガサラ小学校は新興住宅地にあるため、年ねん児童数がふえている。

▲3歳～5歳の幼稚園の授業。幼稚園から、週に1回、英語の授業が始まる。

▲フランス人の先生によるフランス語の授業。5年生からフランス語が必修になる。

スペインの学校制度		年齢のめやす
就学前教育	保育園や幼稚園	3～5歳
初等教育	小学校（6年間）	6～12歳
前期中等教育	中学校（4年間）	12～16歳
後期中等教育	高等学校（2年間）／職業訓練校（4年間）	16～18歳／16～20歳
高等教育	大学および専門大学	18～22歳

＊小・中学校には公立学校と私立学校のほか、州政府から補助金を受けて運営される準私立学校（コンセルタード）もある。

 インタビュー　**サルバドール・オスナ先生**
[アルガサラ小学校5年C組担任]

ぜひ遊びにきてください！

　オラ（こんにちは）！　私が担任しているC組は、みんな明るくて友達思いの子どもたちばかりです。この学校はフラメンコが生まれたアンダルシア地方にあるので、イベントで子どもたちがはなやかな衣装を着て踊ることもあるんですよ。アルガサラ小学校に遊びにきてくださいね！

学校生活② 授業と休み時間

明るい雰囲気の教室。授業によって机の配置をグループにすることもある。

▶算数の授業。コンピューターのモニターに映る図形を見て学ぶ。

■ 授業は午後2時まで

アルガサラ小学校は、朝9時に最初の授業が始まり、終わるのは午後2時です。授業時間は、基本は1時間ですが、科目によっては30分間、長いものでは2時間のものもあります。

5年生の場合、1週間のうちで国語や算数の授業の割合が多く、外国語は英語、フランス語、中国語の3言語を学びます。また週に1回、宗教（キリスト教）の授業がありますが、ほかの宗教を信じている場合や、無宗教の家庭の児童の場合は、かわりに道徳の授業を受けます。

5年C組の時間割						
時間	月	火	水	木	金
9:00	読書	理科・社会	算数	読書	理科・社会
9:30	読書	理科・社会	算数	国語	理科・社会
10:00	中国語	理科・社会	英語	算数	国語
10:30	中国語	理科・社会	英語	算数	国語
11:00	英語	読書	英語	フランス語	体育
11:30	文学	国語	読書	フランス語	体育
12:00	昼休み				
12:30	音楽	図工	体育	宗教/道徳	算数
13:00	音楽	算数	体育	宗教/道徳	算数
13:30	図工	算数	体育	宗教/道徳	読書
14:00	給食/帰宅				

◀国語（左）と理科・社会（右）の教科書。写真やイラスト入りで分かりやすい。

学校生活②

▲図書館での読書の時間。とくに低学年の児童には読書の大切さを教えている。

▲体育の授業。フライングディスク投げやランニングなど、軽い運動が多い。

休み時間と給食

アルガサラ小学校では、12時から30分間の昼休みがあります。児童たちは校庭や中庭に出てサンドイッチなどの軽食をとったり、遊具で遊んだりします。午後の授業が2時に終わると、希望者は食堂に移動して給食を食べますが、そのまま帰宅する児童もいます。

午後4時から始まる課外活動に参加する児童も多くいます。人気の活動はバスケットボールや英語、チェスなど。指導者は学校の先生ではなく、外部からよんだ専門の先生が教えてくれます。

▲給食は、低学年生から順番に食堂へ行って食べる。

▲▶この日の給食の献立は、ショートパスタ入りの野菜スープ（左上）と、トマトサラダ、ズッキーニ入りのトルティーリャとパン（右）。デザートはリンゴ（右上）。

▲課外活動中の児童たち。いちばん人気があるのはバスケットボールだ。

村の小さな公立小学校

学校生活③

1学年1クラスの小さな学校

　スペイン北西部のコベーロという小さな村にあるアントニオ・ブランコ・ロドリゲス＊小学校は、1971年創立の学校です。幼稚園をふくめて119人の児童、17人の先生がいる小規模な学校ですが、演劇発表会や遠足、運動会など、たくさんの楽しいイベントがあります。

　この学校では、高学年クラスの教室に全員ぶんのコンピューターがあり、つねにモニターを見ながら勉強します。また、国語（スペイン語）のほか、この地方で使われるガリシア語の授業があることも特徴です。

＊この小学校で長く校長として勤め、みんなにしたわれた先生の名前。退職時に先生の名前を冠した学校名に変更された。

5年生の教室。長机の上にコンピューターが常備されている。

▲パズルを使って遊ぶ幼稚園のクラス。幼稚園児はスモックというエプロンのような制服を着る。

▼使う筆記用具に決まりはなく、えんぴつを使う児童もいれば、ボールペンを使う児童もいる。

学校生活③

▶1クラスは十数人だが、担任と副担任の2人の先生が個別に指導してくれる。

児童みんなで記念撮影。

ここに注目！

学校には自然がいっぱい

校庭の横には菜園があり、児童たちの手でレタスやカボチャなどが栽培されています。みんなで収穫した野菜は、給食に使われます。また、ガチョウやニワトリ、ウサギなども飼育されていて、動物とふれあう機会が多い学校です。

▲学校菜園。ここは6年生の区画で、レタスなどを栽培している。

▲学校で飼育している動物たち。動物を飼育することで、生き物に親しみ、命の大切さを学ぶ。

▲給食は、食堂に移動して食べる。おかわりしたいときは手をあげて待つ。

子どもの遊び

外遊びやゲームが大好き

▲小学校の校庭で遊ぶ子どもたち。写真は「電車ごっこ」をする子どもたち。

さまざまな遊び

スペインの子どもたちは、屋外で体を動かすことが大好きです。授業の合間の休憩時間になると、みんな急いで校庭に出て遊びます。遊びの種類は、鬼ごっこや電車ごっこ、なわとび、ケンケンパなど、日本の遊びと似たものもたく

▲友達を背負って走る遊び。笑い声のたえない休憩時間だ。

▶「缶馬」や「缶ぽっくり」などとよばれる遊び。学校にはたくさんの遊具がある。

▲グース（ガチョウ）ゲームとよばれる、すごろくのようなボードゲーム。

子どもの遊び

▲学校で開かれたチェスの大会。放課後のクラブでチェスを学ぶ子も多い。

さんあります。また、放課後や休日の公園も、多くの子どもたちでにぎわっています。いっぽう、屋内での遊びも豊富にあります。家族や友達どうしで楽しむボードゲームやチェス、歌をうたいながら手をリズムよく動かす手遊び、1人でもできるパズルや、あやとり、ぬり絵なども人気の遊びです。

▲カラフルな輪ゴムを使い、いろいろなアクセサリーをつくる。

ピエドラ、パペル、ティヘラ！
▲ピエドラ（石）、パペル（紙）、ティヘラ（はさみ）のかけ声でじゃんけんする。

▲手遊び。歌をうたいながら2人の手の動きを合わせる。

あやとりも人気の遊びだよ！

スポーツ・娯楽

家族や友達とすごす休日

体を動かすことが大好き

　家族の時間を大切にするスペインでは、休日に家族みんなでよく出かけます。まちや公園を散歩したり、遊園地や動物園に行ったりすることもあります。また、夏休みなど長期の休暇には、バカンスとよばれる家族旅行に出かけます。行き先は、国内ならマヨルカやイビサ（アイビサ）など地中海の島じま、海水浴や日光浴ができるビーチなどが人気で、陸つづきのフランスなどに行くこともあります。

　スペインの人びとは体を動かすことが大好きです。いちばん人気のスポーツはサッカーで、各地域に必ずサッカークラブがあります。フラメンコやバスケットボールも人気の習いごとで、そのほか自転車やテニスの愛好家も多くいます。

▼フラメンコ教室で学ぶ、10歳～12歳の女の子たち。

▲女子サッカーの試合。スペインは、FIFA女子ワールドカップで優勝経験があるほどの強豪国。各地域に女子のクラブチームがある。

▼小学校の校庭にあるボルダリングの遊具。子どもたちは競って登りあう。

スポーツ・娯楽

東部の都市バルセロナのビーチでサッカーをする子どもたち。国内のプロリーグ「ラ・リーガ」に所属するFCバルセロナは、世界有数の強豪クラブだ。

▲マドリードのラストロ（蚤の市）でアクセサリーを選ぶ子ども。

▲◀マドリードのレティーロ公園（世界遺産）の大池（上）とボートに乗る家族（左）。

▲北部サン・セバスティアン（ドノスティア）にあるラ・コンチャ海岸。砂浜が広がる美しいビーチが有名で、夏季には海水浴客でにぎわう。

ここに注目！　バスク・ペロータ

スペイン北部とフランス南西部にまたがるバスク地方では、ペロータというスポーツが人気です。テニスとスカッシュの中間のような球技で、壁にボールを打ち、相手が打ち返せないように競います。競技の種類はラケットの種類で分かれていて、木製のラケット（右）と長いかごのようなラケットの2種類があり、素手でおこなう競技もあります。

キリスト教と巡礼の道

行事と冠婚葬祭①

国民の大半がカトリック教徒

　スペインは、国民の大半がキリスト教のカトリック教徒です。ただし、国が定めた国教はなく、あらゆる信教の自由がみとめられています。最近、とくに若い世代で宗教ばなれが進んでいますが、1年を通して見ると、キリスト教に関連する行事や祝祭日が多いことも事実です。

　北西部の都市サンティアゴ・デ・コンポステーラは、エルサレム、ローマとならぶキリスト教三大巡礼地のひとつです。9世紀に聖ヤコブ*の遺骸が発見され、大聖堂が建設されたことで、世界じゅうから巡礼者が訪れるようになりました。年間の巡礼者数は40万人をこえ、何百kmもの道のりを歩いてくる人もいます。

＊ヤコブは、イエスの12使徒のひとりで、スペイン語名を「サンティアゴ」という。

▲サンティアゴ・デ・コンポステーラ大聖堂の中央祭壇。大聖堂では毎日、巡礼者のためのミサがおこなわれる。

▲大聖堂の見学に訪れた、地元の小学校の子どもたち。

▲巡礼路に設置されている標識。巡礼のシンボルである「ホタテ貝」と進行方向、サンティアゴまでの距離がかかれている。

巡礼者がめざすサンティアゴ・デ・コンポステーラ大聖堂（世界遺産）。

年越し行事とコムニオン

スペインでは、大みそかに、12時の教会の鐘の音にあわせて12粒のブドウを食べる風習＊があります。鐘が鳴り終わるまでにブドウを食べ終えると、新年を幸運でむかえられるそうです。

カトリック教徒は生後すぐに「洗礼」を受けますが、8歳～10歳になると「プリメラ・コムニオン」という儀式に参加します。2度目の洗礼式ともいえるこの儀式に自分の意志で参加することで、一人前のカトリック教徒としてみとめられるのです。男子はスーツ、女子は白のドレスや花冠などで着かざり、家族で祝います。

＊キリスト教との関連はなく、スペイン独自の風習。

スペインのおもな祝祭日（2024年）

1月	1日	新年
	6日	主顕節の日
3月	28日	聖木曜日（カタルーニャ州やバレンシア州などを除く）
	29日	聖金曜日
4月	1日	イースターマンデー（カタルーニャ州やバレンシア州などのみ）
5月	1日	メーデー
8月	15日	聖母被昇天祭
10月	12日	イスパニアデー
11月	1日	諸聖人の日
12月	6日	憲法の日
	8日	無原罪の御宿り日
	25日	クリスマス

＊聖木曜日や聖金曜日、イースターマンデーなどは、毎年日付が変わることに注意。そのほか、自治州や市でそれぞれ独自の祝祭日（マドリード市のサン・イシドロの日［5月15日］、バルセロナ市の聖女メルセの日［9月24日］など）がある。

▲大みそかの夜、時間内にブドウを12粒食べられるかは、家族で盛りあがる年末の行事だ。

▲プリメラ・コムニオンの儀式では、キリストの聖体を表すパンを神父から受けとる。

インタビュー

ナタリアさん [カトリック信者]

巡礼を終えて人生を再出発します！

私はスロバキア人で理学療法士をしています。現在の仕事や生活にとくに悩みがあるわけではないのですが、自分を見つめなおす時間がほしくて巡礼の旅に出ました。ポルトガル北部の都市ポルトから17日間歩きつづけ、聖地サンティアゴ・デ・コンポステーラに到着した今、心が軽くなって幸福感に包まれています。

行事と冠婚葬祭②

結婚式と春祭り

動画が見られる!

▲カトリック教会での結婚式は、神父が進行役を担う。

◀▼式を終えた新郎新婦へのフラワーシャワー（左）と、結婚式に参加した正装すがたの親族（下）。

教会での結婚式

　スペインでは、キリスト教徒であれば教会で結婚式をあげるのが一般的です。式を終えたあと、場所をかえて豪華な披露宴をおこないます。

　スペイン南部の港まちマラガでおこなわれた結婚式は、新郎が実業家で新婦がテレビ局アナウンサーというカップルの式でした。約200人の親族知人が集まった盛大な教会での結婚式のあと、馬車に乗った新郎新婦に沿道からたくさんの「おめでとう」の声がかけられていました。

▲教会から披露宴会場まで、馬車に乗って移動する新郎新婦。

34

数十頭の馬や馬車による
パレードは圧巻。写真の
隊列の騎乗者は女性。

セビーリャの春祭り

　スペインでは、1年を通して各地で祭りが開かれます。なかでも、南部の都市セビーリャで開催される「春祭り」は、北部パンプローナ（イルーニャ）の「牛追い祭り」と、東部バレンシアの「火祭り」とともにスペイン三大祭りのひとつです。

　春祭りの起源は家畜の見本市とされますが、春の訪れを祝う祭りへと変化しました。会場に設置された1000軒をこえるテント小屋「カセータ」に伝統衣装で着かざった人びとが集い、歌や踊り、飲食を1週間かけて楽しみます。

▲会場に設置されたカセータの中で食事や踊りを楽しむ。

▼春祭りの会場のようす。女性はフラメンコドレスなど色あざやかな服装、男性は落ち着いた色の服装が多い。

▲馬車で会場入りする子どもたち。子どもも正装して参加する。

魅力あふれるまちバルセロナ

くらしの多様性①

サン・ジョルディの日

　スペインは、世界有数の観光大国です。観光業は国内総生産（GDP）の10％をこえ、スペインの大切な収入源になっています。なかでもバルセロナは、建築、芸術、美食で人びとを魅了し、世界じゅうから観光客が集まります。

　バルセロナがあるカタルーニャ州には、「サン・ジョルディの日」＊という祝日があります。サン・ジョルディが殉教した4月23日に、男女や親子、友達どうしで本やバラの花をおくりあうのです。バルセロナでは、本と花の市場がたち、サルダナ舞踊や人間の塔など、カタルーニャ州特有の伝統芸で祝います。

＊サン・ジョルディは、ドラゴンを退治して王女を守ったという伝説をもつキリスト教の聖人。カタルーニャ州の守護聖人でもある。

▲建築家モンタネール（ムンタネール）の最高傑作カタルーニャ音楽堂（世界遺産）。壮麗な装飾がほどこされたホールは圧巻。

▲カタルーニャ建築家協会にあるピカソの壁画。バルセロナは若き日のピカソやミロが活躍したまちだ。

▲通りのあちこちに本の露店がたち、人びとは大切な人を思いうかべながら本を選ぶ。

▲バラを手にする中学生たち。友達どうしでおくりあったり、親にわたしたりする。

36

くらしの多様性①

伝統舞踊サルダナ。旧市街のサン・ジャウマ広場に集まった人びとが手をつなぎ、小さなステップをふみながら円をえがくように踊る。

▲カタルーニャ出身の建築家ガウディ（右上）の作品のひとつ、カサ・バトリョ（カザ・バッリョー、世界遺産）。

▲カタルーニャ地方に200年以上続く伝統行事の「人間の塔」。高いものでは10段になるという。

くらしの多様性②

食をささえる漁業と農業

深夜のビゴ漁港で、水揚げされるイワシ。イワシは近海で獲れるため、港と漁場を1日最大で3往復することもある。

スペイン最大のビゴ漁港

　北西部ガリシア州は、入り江の多い複雑な海岸線をもつため、長年にわたって漁業が発展してきました。なかでもビゴは、1日最大230tの水揚げがあるスペイン最大規模の漁港です。深夜に水揚げされたイワシやサバ、マグロ、タコなどの魚介類は、仲買人たちに競りおとされ、各都市へ運ばれていきます。

　近年、欧州連合（EU）は、種の保全を目的に、タラやクロマグロなどの漁獲量を制限しています。そのため、スペインの水産物の輸出量は年ねんへっていますが、魚介類が好きな国民のための国内分は確保しつづけています。

▲漁業組合のスタッフが、魚を種類とサイズでかごに選別し、競りの準備をする。

▲アンコウの競り。仲買人によって競りおとされた魚は、手早く氷づめして輸送される。

くらしの多様性②

▲オリーブは生育が早く、根を大きくはるので、木と木の間隔を5m程度とる。ただし有機栽培の認可を受けるには8m以上あける必要がある。

農業大国スペイン

スペインは、ヨーロッパ有数の農業大国です。主要な農産物は、大麦や小麦、オリーブ、ブドウ、オレンジなどで、国土面積に占める農地の割合は50％近くあります。そのなかでもオリーブは世界一の生産量をほこり、生産の中心地である南部には、乾燥した大地にオリーブ畑がえんえんと続いています。

▲山や丘をおおうように一面に広がるオリーブ畑。

▲▶秋に収穫されたオリーブ（上）と、ミキサー機に入れて搾油されたオリーブオイル（右）。

オリーブはスペインの大地と太陽の恵みです！

 マルタ・サンチェス・ロホさん
［カサヌエバ農場経営者］

スペイン南部マラガにある私の農場では、有機栽培でオリーブを育てています。通常の栽培よりも人手がよぶんに必要で、大量生産もできません。大変なことも多いのですが、手をぬくことなく自然と向きあうことで、質のよいオリーブオイルができると信じています。

39

伝統のものづくり

くらしの多様性③

▲工房の2代目であるホセ・アントニオさん（左）と、3代目になる25歳の息子さん（右）。

◀鋼板に線を彫り、その線にそって金糸や銀糸、金箔を打ちつけていく。写真は、ピアスのかざり部分をつくっているところ。

▲イスラムの幾何学もようが特徴的な、美しい装飾品の数かず。

技術と思いを引きつぐ

　スペインは、陶磁器や象嵌細工＊1、織物などの伝統産業が生きている国です。熟練の職人の手による工芸品は、何代にもわたって引きつがれた技術と思いがつまった結晶です。

　スペイン中部の古都トレドに、ホセ・アントニオさんのダマスキナード＊2工房があります。工房の2代目であるホセ・アントニオさんは、14歳で工房に入り、毎日10時間夢中で働いてきましたが、つらいと思ったことはありません。「創造性がある職人技術は、時代をこえていきます。私はその流れのなかのひとりとして、次の世代にたくす責任があるのです」と、3代目になる息子さんの前で話してくれました。

＊1　ひとつの素材に異質の素材をはめこむ工芸技法。象は「かたどる」、嵌は「はめる」という意味がある。　＊2　ダマスカス（現シリア）のアラブ人から伝わったとされる象嵌細工のこと。

くらしの多様性③

タラベラ陶器の作業工程

❶ 土をこね、足で切りかえる電動ろくろを使って成形していく。

❷ 乾燥、素焼きのあと、釉薬につけてガラス質の膜でおおう。

❸ 天気の状態を見ながら夏は半日、冬は1日半程度乾燥させる。

❹ 天然顔料で絵つけ。筆先が揺れないように竹の棒で手を固定する。

家族全員が陶器職人

スペイン中部にあるタラベラ・デ・ラ・レイナは、陶器職人のまちです。この地で50年前に工房を開いたサントスさんの子ども4人は、全員陶器職人です。それぞれ成形や絵つけを担当していますが、成形担当のダビドさんは、父親の仕事が大好きで、12歳からろくろを回しはじめました。ダビドさんは「ただの土のかたまりが、どんどん美しい形に変化していくことに今も感動します」と言います。

❺ 窯につめて980℃〜1000℃で本焼きする。窯から出したら軽くたたいて破損をチェックする。

動画が見られる！

好きなことを一生懸命やろう！

成形担当のダビドさんと、あざやかな色づかいが特徴的なタラベラ陶器の作品の数かず。

持続可能な未来をめざして

積極的に行動する人びと

さまざまな人種や文化が融合してきたスペインには、考えの異なる他者と積極的に会話することで問題を解決しようとする人が多くいます。とくに新型コロナウイルス禍以降、持続可能な未来をめざして行動する人びとがふえました。

地球温暖化をはじめとした環境問題や、男女不平等・性差別など、目の前にある問題をひとごとにせず、自ら取りくむ人が多くいます。また、移民や難民＊のなかで、経済的にめぐまれない人びとを援助する活動が積極的におこなわれています。

＊武力紛争や戦争、迫害・暴力などのために、自国から他国に逃れてきた人びとのこと。

▲捨てられたり虐待されたりしたペットを保護し、里親をさがす団体が、募金活動をおこなっているようす。

▲市役所近くに設置されている、分別をうながすごみ箱。

▲宝くじの販売ボックス。販売員はすべて視覚に障がいのある人で、運営元はそうした人の自立・就労を支援する組織だ。

▲ごみ収集車。地中に収納されている大きなごみ箱をクレーンで丸ごともちあげて収集する。

SDGsとくらし

▲まちなかのごみ箱。側面に犬のふんを持ち帰るための専用のビニール袋が入っている。

▲レンタル電動自転車。交通渋滞緩和のため、急速に普及している。

▲東部のバルセロナは坂が多いため、市民のためのエスカレーターの設置が進む。

▲地下鉄出入り口のドアは重いが、ボタン式で開閉するドアが設置されている場所も多い。

▲▶家庭で出た食用油（上）や、衣料品（右）を回収するボックス。

暴力はゆるさない

2004年3月11日、首都マドリードの主要駅アトーチャ駅をはじめとする市内4か所の電車が爆破されるテロ事件がありました。テロとは、暴力を使って自分の考えを主張し、力ずくでみとめさせようとする行為です。スペイン政府は、テロは絶対にゆるさないという立場で戦っています。

▶アトーチャ駅にある慰霊スペース。犠牲者193名の名前が記されている。

500年近く続く友好の歴史

日本との関係

きっかけは宣教師の来日

　日本とスペインの関係は、1549年にイエズス会の宣教師フランシスコ・ザビエル（シャビエル）の来日から始まります。17世紀、江戸幕府の「鎖国」政策で一度その関係が途絶えますが、明治時代の1868年に修好通商航海条約を結んで国交を回復しました。

　現在の両国の関係は、政治・経済での結びつきのほか、文化や芸術（日本の漫画やアニメ、スペインの音楽や踊り）、スポーツ（サッカー）関連での交流がさかんにおこなわれています。

▲北西部の港まちビゴで、新規オープンした日本料理店。日本のアニメ「ドラゴンボール」などのイラストが壁いっぱいにかざられたカラフルな内装。

◀▲▼首都マドリードで開催された「漫画芸術展」のポスター（左）と、展示品の数かず（上下）。

▲ザビエル城。宣教師フランシスコ・ザビエルが生まれた城で、現在は彼の生涯をたどることができる博物館になっている。

日本との関係

侍の子孫ハポンさん

　スペイン南部セビーリャ近くの小さなまちコリア・デル・リオには、ハポンという姓をもつ人が600人以上います。「ハポン」とは、スペイン語で「日本」という意味です。仙台藩主伊達政宗の命を受けた支倉常長率いる慶長遣欧使節団がスペインに到着したのは1614年。歓迎されてスペイン国王やローマ法王にも謁見しました。しかし江戸幕府のキリシタン禁止令発布によって、多くの侍たちが帰国をあきらめてこの地に定住しました。ハポンと姓を変え、スペインに帰化した侍の子孫の系譜が、400年をへた現在も脈みゃくと受けつがれています。

▲市役所からの「お花見」イベントの案内（左）と、今上天皇（当時は皇太子）訪問時のプレート（上）。

▼市内の公園に置かれている支倉常長像。

▲コリア・デル・リオ市役所にかかげられている日本国旗。

◀カルロス・ハポンさん（左から2番目）とその家族。

45

巻末資料

スペインの基本データ

正式国名
スペイン王国

首都
マドリード

言語
公用語はスペイン語（カスティーリャ語）。ただし、憲法で地方公用語がみとめられており、バスク語、カタルーニャ語、ガリシア語、バレンシア語、アラン語が各自治州で使用されている。

▲北部バスク州にある道路標識。上がバスク語、下がスペイン語（カスティーリャ語）で表示されている。

宗教
国民の大半がキリスト教のカトリック教徒。プロテスタントは少数。ほかにイスラム教、ユダヤ教など。無宗教の人も一定数いる。

▲カトリック教会でプリメラ・コムニオンの儀式を終えた子どもたち。

通貨
通貨単位はユーロ。紙幣は500、200、100、50、20、10、5ユーロの7種類。硬貨は2、1ユーロと50、20、10、5、2、1セントの8種類。1ユーロは160円前後（2025年3月現在）。

▲2025年3月現在、スペインで使用されているユーロ紙幣と硬貨（一部）。

政治
議会君主制。元首は国王。議会は二院制で、上院（266議席）、下院（350議席）からなり、両院ともに任期は4年（解散制度あり）。選挙権は18歳から。地方自治体は、17の自治州（50県）と2つの自治都市から構成され、行政・財政の自治権を有するだけでなく、さまざまな専権分野で立法や執行に関する権限をもつ。

情報
テレビは、公共放送機関の「スペイン放送協会（RTVE）」がもつ「テレビシオン・エスパニョーラ（tve）」のほか、民間放送の「アンテナ3」「テレシンコ」などがある。ほかに、有料放送も多数。ラジオは、公共の「ラジオ・ナシオナル・デ・エスパーニャ（RNE）」のほか、民間放送も多数。新聞は、全国紙「エル・パイス」「エル・ムンド」、経済紙「エクスパンシオン」など、数多く発行されている。

産業
主要産業は、観光業をふくむサービス業、自動車や医薬品の開発・生産をふくむ製造業、ほかに農業など。とくに国内総生産（GDP）に占める観光業の割合は10％をこえ、年間の外国人訪問観光客数でもフランスに次ぐ世界第2位の観光大国。

貿易
輸出総額 **4232** 億ドル（2023年）
おもな輸出品は、自動車、機械類、医薬品、石油製品、野菜と果実など。おもな輸出先はフランス、ドイツ、ポルトガル、イタリアなど。

輸入総額 **4703** 億ドル（2023年）
おもな輸入品は、機械類、原油、自動車、天然ガスなど。おもな輸入先は中国、ドイツ、フランスなど。

日本への輸出
4475 億円（2023年）
おもな輸出品は、豚肉、自動車、自動車部品など。

日本からの輸入
7445 億円（2023年）
おもな輸入品は、自動車、鉄鋼、二輪自動車など。

軍事
兵員 11万7012人（2024年）

陸軍7万3500人・海軍2万466人・空軍2万141人・一般部隊2905人。徴兵制（兵役）はない。

スペインの歴史

古代から人びとがくらす

スペインがあるイベリア半島には、紀元前からイベリア人やケルト人、フェニキア人、ギリシャ人など、さまざまな民族が住んでいました。紀元前2世紀にはローマ帝国がイベリア半島を支配し、ローマ法の導入、水道や灌漑施設の整備、ラテン語の普及などが進められました。キリスト教が伝わったのも、この時期です。

5世紀、衰退するローマ帝国にかわって西ゴート王国の支配下に入りますが、711年にイスラム勢力であるムーア人がアフリカから侵攻し、イベリア半島のほとんどが征服されました。10世紀の後ウマイヤ朝の時代に最盛期をむかえ、イスラムの技術や学問、芸術が発展し、その後のスペインにイスラムの文化が色濃く残されることになりました。

イベリア半島の外側にいるキリスト教勢力は、イスラム勢力から国土を奪い返すための戦い（レコンキスタ）を8世紀からつづけていました。1492年、最後に残ったイスラム教王国のグラナダを滅ぼし、ようやくイベリア半島を再征服することに成功しました。またこの年は、コロンブスが新大陸アメリカに到達し、大航海時代の幕開けになった年でもあります。

▲南部の都市セビーリャにある宮殿アルカサル（世界遺産）。もとはイスラム時代の建築物だったが、キリスト教の王によって何度も増改築されたことで、何世紀にもわたる歴史と、多様な文化を象徴する建築物になった。

太陽の沈まぬ国

ハプスブルク家が率いるスペイン王国は、高度な航海技術をもとに、海外に進出しました。メキシコや南米の国ぐにを武力で征服し、植民地から奪った大量の金や銀によって莫大な富を得ました。さらにスペイン海軍は、ヨーロッパのほかの国ぐにやオスマン帝国を破り、「太陽の沈まぬ国」といわれるほど、スペイン王国の領土は広大になりました。

しかし1588年、イギリスとの海戦での敗北をきっかけに、属国であったポルトガルの反乱や王位継承問題がつづき、戦費の増加による財政難などもあって、スペイン王国は急速におとろえていきます。

また1789年には、隣国フランスで革命が起こり、革命政府はナポレオンの指揮のもと、スペインに侵攻してきました。スペインは、ナポレオン支持者による支配を受けることになりましたが、その後の独立戦争で、ナポレオン軍を撤退させることに成功しました。その後の19世紀、スペインがもつ植民地の多くが独立を果たし、スペインの世界的影響力は、大きく失われていきました。

19世紀以降のスペイン

フランスから独立後のスペインは、王政、共和制、ふたたびの王政と、軍事クーデターなどでめまぐるしく体制がかわり、政治的な混乱が続きました。とくに1936年には、総選挙で人民戦線派が勝利をおさめると、スペイン領モロッコにいたフランコ将軍が反乱を起こし、スペイン内戦が始まります。3年間の戦いののち、反乱軍が勝利してフランコが独裁政権を樹立しました。なお、第一次世界大戦と第二次世界大戦時のスペインは、どちらも中立の立場を保ちました。

1939年から続いた独裁政権は、1975年のフランコの死によって終わりをつげ、国王にフアン・カルロス1世が即位します。フアン・カルロス1世は民主化をおし進め、1977年に41年ぶりに総選挙を実施しました。翌年には新憲法が国民投票で承認されました。その後、1986年の欧州共同体（EC）加盟につづき、1999年には欧州連合（EU）のユーロ通貨統合に加わり、経済発展の道を着実に歩みはじめています。

スペインが現在直面している問題は、若者の失業率の高さや経済成長の勢いのおとろえ、いくつかの自治州の独立運動などがあげられます。また、アフリカや南米諸国からの移民が増加しており、これらの問題にどう対応していくか、今後も注目です。

さくいん

あ

アヒージョ	17
AVE	20
あやとり	29
アラブ人	6、40
アルメリア	4
アンダルシア	16、23
イスラム	6、7
イビサ（アイビサ）	30
イベリア半島	4、6
イベリコブタ	5
移民	18、42
牛追い祭り	4、35
英語	10、22、24、25
円形闘技場	7
欧州連合（EU）	18、38
オリーブオイル	14、15、17、39

か

ガウディ	37
カサ・バトリョ（カザ・バッリョー）	37
カスティーリャ	7
ガスパチョ	16、17
カタルーニャ	5、7、33、36、37
カナリア諸島	4
ガリシア	5、7、16、17、19、38
カルタゴ	6
観光業	7、36
義務教育	22
給食	24、25、27
漁業	38
キリスト教	6、24、32、33、34、36
クリスマス	33
クロケータ	17
慶長遣欧使節団	45
結婚式	34
ケルト	19
ゲルニカ	7
コルドバ	6
コロンブス	7

さ

サッカー	30、31、44
ザビエル（シャビエル）	44
サルダナ	36、37
サン・ジョルディの日	36
サン・セバスティアン（ドノスティア）	16、31

た（続き）※サンティアゴ

サンティアゴ・デ・コンポステーラ	32、33
ジブラルタル海峡	4
じゃんけん	29
柔道	10、11
宿題	10、11、12
巡礼	32、33
植民地	6
スペイン内戦	7
西岸海洋性気候	4
世界遺産	6、7、31、32、36、37
セビーリャ	21、35、45

た

大陸性気候	4
タコ	16、17
タパス	15、16
タベルナス砂漠	4
ダマスキナード	40
タラゴナ	7、12、15
タラベラ・デ・ラ・レイナ	41
チェス	25、29
地下鉄	20、21、43
地中海	4、7、8、12、17
地中海食	17
地中海性気候	4、5
中国語	22、24
チューロス	17
TikTok	12
テニス	30、31
闘牛	5
トゥロン	17
トマト	14、15、17、25
トラム（路面電車）	20、21
トルティーリャ	14、15、25
トレド	40

な

生ハム	14、15、16、17
西ゴート族	6
人間の塔	36、37
ニンニク	14、15
農業	7、16、39
蚤の市	18、31

は

パエーリャ	16、17
バカンス	30

は（続き）

バス	20、21
バスク（エウスカディ）	7、17、31
バスク・ケーキ	17
バスク・ペロータ	31
バスケットボール	10、11、25、30
ハプスブルク家	6
パプリカパウダー	14、17
バル	16
バルセロナ	20、31、33、36、43
春祭り	35
バレアレス諸島	4
バレンシア	16、33、35
パン・コン・トマテ	14、15
パンプローナ（イルーニャ）	35
ピカソ	7、36
ビゴ	38、44
火祭り	35
ピレネー山脈	4
ピンチョス	16、17
フェニキア人	6
フェリペ2世	19
フェリペ3世	19
ブドウ	4、33、39
フラメンコ	7、23、30、35
フランコ	6、7
フランス語	22、23、24
フリヒリアナ	5
プリメラ・コムニオン	33
ボードゲーム	28、29

ま

マドリード	5、8、16、18、19、20、33、43、44
マヨルカ	30
マラガ	6、22、34、39
漫画	44
ミロ	36
メスキータ	6
メセタ（高原）	4
メルカード	16
モンタネール（ムンタネール）	36

やらわ

YouTube	12
ラ・コンチャ海岸	31
ロマ	7
ワイン	4

取材を終えて

関根 淳

　スペインの取材は、私にとってとても快適なものでした。スペインの人びとへの取材では、誰もが私からの質問の意図を瞬時に理解し、事例を交えながらいろんな話をしてくださったからです。人の話を聞き、すぐに自分の考えをまとめて言葉にするという作業は、じつはなかなか難しいことですが、スペインの人びとはその言葉のキャッチボールを楽しんでいる余裕さえ感じられました。

　また、地下鉄のホームで電車を待っていたときのことです。ベンチに座っていた若い男性が、お年寄りの女性に席を譲りました。ベンチに座った女性は、若者に感謝の言葉をのべ、それから2人で会話を始めました。まるで祖母と孫が会話しているように、電車が来るまでずっと楽しそうに話を続けていました。そうした見知らぬ者どうしが会話をしている風景は、まちなかや飲食店のバルなど、あちこちで見られました。

　スペインの人びとは、明るく会話好きというイメージをもっていましたが、まさにその通りでした。ただし今回の取材で、単なる陽気な人びととというのではなく、そこには高いコミュニケーション能力と、頭の回転の速さ、語彙力や表現の豊かさがあることに気づきました。

　取材した2つの小学校でも、先生と子ども、子どもたち同士で話しあう授業が多かったように感じます。先生は、「会話することで、人は理解しあえるのです。もちろん、会話だけですべての問題が解決するとは言えません。でも、会話しておたがいの考えを知っていたほうが、何も話さないよりはずっと仲よくなれるはずです」と話してくれました。スペインの子どもたちは、こうした考えをもつ先生のもとで勉強し、会話が絶えない家庭で育つことで、人との距離感の取り方を学び、自己表現が巧みな大人になっていくのだと思いました。

▲みんな仲よしで、笑顔が絶えないアルガサラ小学校の子どもたち。

● 監修
細田晴子（日本大学商学部教授）

● 取材協力（順不同・敬称略）
アルガサラ小学校／アントニオ・ブランコ・ロドリゲス小学校／ゴンザレス・パスカル家／スタリック・ロシック家／シアルト・セントロ・インテグラル・デ・アルテ芸術総合学校／コリア・デル・リオ市役所／カサヌエバ農場／サントス・ティモネーダ工房／アタウヒア・ダマスキナード店／ビゴ港湾局／カルロス・ハポン／サムエル・ビラ・バズケス／リカルド・ナンダワニ＆プリンセサ・サンチェス夫妻／島袋紀子／高澤慶／木村恵里子／三浦純子／小澤和子／小畑幸子／千石京輔／根岸総一郎

● 参考文献
細田晴子著『戦後スペインと国際安全保障－米西関係に見るミドルパワー外交の可能性と限界』（千倉書房）／細田晴子著『カストロとフランコ－冷戦期外交の舞台裏（ちくま新書1177）』（筑摩書房）／細田晴子著『カザルスと国際政治－カタルーニャの大地から世界へ』（吉田書店）／池上俊一著『情熱でたどるスペイン史（岩波ジュニア新書）』（岩波書店）／立石博高・黒田祐我著『図説スペインの歴史（ふくろうの本）』（河出書房新社）／坂東省次・椎名浩著『日本とスペイン 文化交流の歴史－南蛮・キリシタン時代から現代まで』（原書房）／銀城康子著 マルタン・フェノイラスト『スペインのごはん（絵本世界の食事14）』（農山漁村文化協会）／『データブック・オブ・ザ・ワールド 2025』（二宮書店）

● 地図：株式会社平凡社地図出版
● 校正：株式会社鷗来堂
● デザイン：株式会社クラップス（佐藤かおり）

現地取材！　世界のくらし 25
スペイン

発行　　　2025年4月　第1刷

文・写真　：関根 淳（せきね まこと）
監修　　　：細田晴子（ほそだ はるこ）
発行者　　：加藤裕樹
編集　　　：松原智徳、原田哲郎
発行所　　：株式会社ポプラ社
〒141-8210　東京都品川区西五反田3丁目5番8号
　　　　　　JR目黒MARCビル12階
ホームページ：www.poplar.co.jp（ポプラ社）
　　　　　　　kodomottolab.poplar.co.jp（こどもっとラボ）
印刷・製本　：株式会社精興社

©Makoto Sekine 2025　Printed in Japan
ISBN978-4-591-18457-8
N.D.C.293/48P/29cm

落丁・乱丁本はお取り替えいたします。ホームページ（www.poplar.co.jp）のお問い合わせ一覧よりご連絡ください。
読者の皆様からのお便りをお待ちしております。いただいたお便りは制作者にお渡しいたします。
本書のコピー、スキャン、デジタル化等の無断複製は著作権法上での例外を除き禁じられています。
本書を代行業者等の第三者に依頼してスキャンやデジタル化することは、たとえ個人や家庭内での利用であっても著作権法上認められておりません。
QRコードからアクセスできる動画は館内や館外貸出ともに視聴可能です。
P7211025

現地取材！ 世界のくらし

Aセット 全5巻 (1〜5) N.D.C.292

1	日本	常見藤代／文・写真 アルバロ・ダビド・エルナンデス・エルナンデス／監修
2	韓国	関根淳／文・写真 李香鎮／監修
3	中国	吉田忠正／文・写真 藤野彰／監修
4	モンゴル	関根淳／文・写真 尾崎孝宏／監修
5	ネパール	吉田忠正／文・写真 藤倉達郎、ジギャン・クマル・タパ／監修

Bセット 全5巻 (6〜10) N.D.C.292

6	フィリピン	関根淳／文・写真 寺田勇文／監修
7	インドネシア	常見藤代／文・写真 倉沢愛子／監修
8	マレーシア	東海林美紀／文・写真 新井卓治／監修
9	ベトナム	小原佐和子／文・写真 古田元夫／監修
10	タイ	小原佐和子／文・写真 馬場雄司／監修

Cセット 全5巻 (11〜15) N.D.C.292

11	カンボジア	小原佐和子／文・写真 福富友子／監修
12	インド	常見藤代／文・写真 山下博司／監修
13	スリランカ	東海林美紀／文・写真 荒井悦代／監修
14	ウズベキスタン	関根淳／文・写真 帯谷知可／監修
15	トルコ	東海林美紀／文・写真 イナン・オネル／監修

Dセット 全5巻 (16〜20) N.D.C.293

16	イギリス	関根淳／文・写真 小川浩之／監修
17	オランダ	吉田忠正／文・写真 桜田美津夫／監修
18	フィンランド	東海林美紀／文・写真 セルボ貴子／監修
19	アイスランド	小原佐和子／文・写真 朱位昌併／監修
20	ハンガリー	関根淳／文・写真 羽場久美子／監修

Eセット 全5巻 (21〜25) N.D.C.293

21	ドイツ	小原佐和子／文・写真 金城ハウプトマン朱美／監修
22	ポーランド	吉田忠正／文・写真 岡崎恒夫／監修
23	フランス	関根淳／文・写真 羽場久美子／監修
24	イタリア	関根淳／文・写真 八十田博人／監修
25	スペイン	関根淳／文・写真 細田晴子／監修

続刊も毎年度刊行予定！

● 小学高学年〜中学向き
● オールカラー
● A4変型判　各48ページ
● 図書館用特別堅牢製本図書

ポプラ社はチャイルドラインを応援しています

18さいまでの子どもがかけるでんわ
チャイルドライン®
0120-99-7777
毎日午後4時〜午後9時 ※12/29〜1/3はお休み

電話代はかかりません　携帯（スマホ）OK
チャット相談はこちらから